꽃물로 문지른 가슴

오영숙 시집

을지출판공사

■ 서문

'마음의 눈'으로 사물을 바라보는 시인

- 오영숙 시집 〈꽃물로 문지른 가슴〉에 부쳐

윤 해 규

〈시인 · 한국시대사전 편저자〉

오영숙 시인은 전북 순창군 쌍치면에서 출생하여 지금은 북흥면 서마리에서 산장(들꽃향기)을 운영하고 있다.

이미, 오래전에 문단에 등단하여 지금은 한국문인협회 시분과 회원으로 전북문협, 정읍문협, 순창문협 회원으로도 참여하면서 왕성한 문단 활동을 전개하고 있다.

그동안 틈날 때마다 써 둔 작품들을 모아 시집으로 간행함에 있어 나는 발행인으로 인연을 따라 첫머리에 '서문'을 올리게 되어 반가운 마음으로 시, 한 편 한 편 대해 보니 일면식도 없는 데도 그의 생각과 생활의 흔적이 선하다.

소박한 정, 그러면서도 진솔해서 사람의 마음을 움직이기에 족한 감정의 순수성이 잘 살려져 있는 시편들은 독자들을 그 속으로 끌고 들어갈 수 있를 것이다. 시는 마음의 거울에 비친 세계를 표현한 것이다. 즉 마음을 투사한 사물의 이해라고 할 수 있다.

여울져 오는
애틋한 그리움 하나에
문밖
바람 끝이 아리지만

꽃물로
문지른 가슴은
속살거리는
풀꽃 노래가 좋아

추억도
그리움도
푸른 별빛으로
부서져 내리게 한다

이 시는 표제(表題) 시인 「꽃물로 문지른 가슴」의 전문이다. 이 시에서 '꽃물로/ 문지른 가슴은/ 속살거리는 / 풀꽃 노래가 좋아' 라고 했는데 꽃물로 문지른 가슴으로 꽃을 바라보면 꽃은 우리의 가슴을 문지를 것이다. 그것은 꽃물의 자발적 문질음이 아니라 꽃에게 투사된 우리의 문질음의 마음이 지어낸 꽃물인 것이다.

오영숙 시인의 일상생활은 이런 류의 경험, 즉 '마음의 눈' 으로 모든 사물을 바라보고 이해한 경험이 엄청나게 많은 축척 위에서 영위되고 있다는 것을 그의 시에서 찾을 수 있다.

또한 그는 우리가 쓰고 있는 보편적인 언어들 중에서 골라내거나 추려 낸 다음, 다듬고 엮어서 새로운 말씨를 만들어 냄으로써 시인의 의무를 다하고 있다.

그리고 감상주의가 짙게 풍기는 자연에 대한 예찬과 동경(憧憬) 세계를 마음으로 바라보는 그의 시는 외면적인 자연의 세계에서 인간의 내면적인 세계로 관심을 쏟으면서, 매화꽃 피는 것을 보고 〈매화 옷고름 푸는 아침〉이라는 시 제목으로 이렇게 노래하고 있다.

'아직은 빙점/ 바람 찬데/ 맨몸으로 꽃을 피웠네// 서리서리/ 한 맺힌 사랑의 혼 불인가/ 눈꽃처럼 순백으로 피우고// 동지섣달/ 삭풍에도 꺾이지 않고/ 지켜온 절개인 듯// 이른 봄밤/ 여미고 여민 옷고름/ 설움으로 풀듯 피었네'

이와 같이 오영숙 시인의 여러 시들의 전편에 넘쳐흐르는 시정(詩情)은 고독을 주제로 하는 일련의 작품을 쓰면서 현대시의 깊이를 더해 주는 존재가 되고 있다.

그는 더욱 견고해지는 자신의 고독을 구축하고 그속에서 계속 머무르면서 고독이라는 추상적 관념을 일관되게 시의 주제로 파헤치고 있다.

그러나 그가 추구하는 고독은 결코 절망적인 것이 아

니라 원숙한 삶으로 이끌어 주는 청량제가 되고 있는 것이다.

오영숙 시인이 서마리에서 봄을 맞이하면서 쓴 시 한 편을 보자.

먼 산은
해를 토하고
긴 겨울 마른가지
벌써 물올라 새순이 툭툭

산골 물은
계곡마다 돌 틈 사이
봄노래로
산 향 담고 흐르는데

멀리 있는 그대도
옛날엔
함께 즐겨 보고 듣던 생각으로
이 봄을 맞이하는지
-「상춘에」 전문

이 시는 초봄이라는 '상춘(上春)'이라 해도 좋고 늘 계속되는 봄이라는 '상춘(常春)'이라 해도 되고 봄 경치를 구경하며 즐긴다는 '상춘(賞春)'이라 해도 될 것이다. 오영숙 시인은 이 시에서 나타내고 있는 봄은 상식

과 통념의 굴레를 벗어나지 않고 '산골 물은/ 계곡마다 돌 틈 사이/ 봄노래로/ 산 향 담고 흐르는데' 하면서 느낀 그대로 정직하게 노래하고 있다.

또한 끝연에서 '멀리 있는 그대도/ 옛날엔/ 함께 즐겨 보고 듣던 생각으로/ 이 봄을 맞이하는지' 라고 방점을 찍으면서 추억성의 것들을 적극적으로 만나고 과거 의식의 내용만이 아닌 미세한 경련 상태까지 읽어내는 자장(磁場)을 만들어 내고 있다. 그것이 오영숙 시인의 시적 정서와 개성을 표출(表出)해 내고 있는 특징이다.

현실 세계의 아픔을 슬픈 미학으로 승화시켜 어떤 상념을 깊이 탐색하고 싶은 사람은 서정의 본모습을 지속적으로 보여주고 있는 이 시집을 탐독하라고 전하는 바이다.

2011. 9. 중추절에

■ 시집을 엮으며

회색빛 빌딩 숲 속의
삭막한 긴 도회지 생활을 접고
초록숲에서 여는
산골의 아침은 낙원이었습니다

이름 모를 산새들이 창가에 날아와
재잘거리며 잠을 깨우고
가느다란 풀잎에서는
영롱한 물구슬이 주렁주렁
무지개를 담고 매어달려
아침햇살에 눈이 부셨습니다

또한 작고 여린 청초한 풀꽃들이
지천으로 벙글거리니
코끝을 스치는 꽃향기와
뇌리를 스치는 시가 있었습니다

문득
그래 이렇게 눈시리게
고운 날에는 시를 쓰자 하였습니다

아직은
어설프고 변변치 않은 글
산중 생활을 하면서 사람이 그리울 때면
연가를 부르듯 시로 옮겨 보았고
고단하고 외로울 때는
풀꽃 한 송이에 위안을 담아
한 편의 시로 옮겨 보았으니
영글지 않은 언어들로 묶여진 산중일기에
부족함이 많더라도 사랑으로 덮어 주십시오

2011. 9.

지은이 오 영 숙

차 례

제 2 부 꽃물로 물지른 가슴

제 3 부 산중일기

제 4 부 매화 옷고름 푸는 아침

제 5 부 옛 향기 속에서

제 1 부

외딴집 여자

기억 저-편
편린에 매달려
가슴앓이 했던 삶의 뒤안길
땅속 깊이 묻어 버리고
초가에 소박한 박꽃으로
피어나게 하련다

메밀꽃 당신

만추를
준비하는 구월
당신께서 가꿔 놓은
뒤란 메밀밭으로
중추월 하얀 달빛이
왕소금 알갱이 같은 파편으로
쏟아져 내리고 있습니다

무성한 여름날의
궂은 기억
설운 기억일랑
하얀 소금꽃으로 절구어
꼭
꼭
재워 놓았다가
곰삭은 세월 되면

꽃 여울로
밀려오는 그리움
가슴 가득 채우고
왕소금 같은 꽃을 피워
부패되지 않은 영혼

부패되지 않은 사랑으로
한 세상 살자함 인가요

그런 당신이라면
그런 당신이라면

뜨락의
하얀 메밀꽃 꺾어
화관 만들어 머리에 이고
하얀 꽃잎 즈려밟고
이 몸 가지요

구월의 신부되어
메밀꽃 한 움큼
꺾어 들고 가지요
하얀 메밀꽃
당신에게

가슴으로 살아요

천년을
오롯하게
서 있는 노송은
긴 세월을
옹이난 가슴으로
말하고 있어요

바람에
쉴 새 없이
흔들거리는 갈대는
깊이 뿌리 내린
우거진 숲으로
말하고 있어요

우리도
마음 뿌리
갈대처럼 깊이 내리고
소나무처럼 변함없이
천년 만년
그리움 담아요

회 한

달빛이 어리어
가슴으로 스며드는 밤
풀벌레 소리도 아려라
고이 접은 통증이여

광야의 늪에서 어둠에 잠긴
끝없는 내 울림은
돌아오는 메아리 없고
고적한 바람만 일어

현실을 직시하지 못한
처절한 집착의 열병에
남겨진 통한의 세월이여

아!
꿈길이었던가
아픔만큼 짙었던 사랑
내일은 잊어야지

오늘의 여적
먼 훗날

순백의 향연속에
시린 눈꽃으로 피우리라

봄의 향연

당신을
사랑하기 위해서
꽃이 되었습니다

긴 겨울
어둔 터널과
눈보라 속을 걸어서
서둘러 봄의 길목에 서 있습니다

고독한 삶의 여정
당신을 만나기 위하여
고뇌와 방황 속에서
강을 건너고 산을 넘었으니
이제는 당신의 정원에 뿌리내려
꽃 피우렵니다

당신을
사랑하기 때문에
꽃이 되었습니다

실핏줄 하나 하나까지
물을 올리고 싹을 틔워

세상에서 가장
아름다운 꽃을 피우렵니다

깊은 심연에
당신의 향기
뜨겁게 출렁거리고
몸은 벌써
그리움 배어 수줍게 타고 있으니
꽃대궁 높이 올려 마중하렵니다

눈부신 햇살
부서져 내리고
지천으로 푸르름 내려지면
창백한 꽃잎은
붉게 붉게 물들겠지요

비교할 수 없어요

장미꽃이 제 아무리
붉게 피어난다 하여도
백합꽃의 향기가
제 아무리 짙다 하여도
산들바람 이는 언덕에서
흐드러지게 핀
들꽃하고는
비교할 수 없어요

도심속의 빌딩이
제 아무리 높다 하여도
산향기 담은
물소리 바람 소리 머무는
언덕 위의 하얀집하고는
비교할 수 없어요

화려하게 포장된
차가운 바비인형들이
제 아무리 이쁘다 하여도
산자락의
해맑고 정많은 눈동자와는
비교할 수 없어요

가난한 밤

당신의
이름으로
창을 열었습니다

알 수 없는 군상들은
눈을 가리고
삭풍은
빈 가슴으로 파고듭니다

부엉이 밤 깊도록 울고
작은 별들
마당 가득 쏟아지는
가난한 밤이
차라리 좋겠다 했습니다

그런데
앞산 갈대는
밤새도록
실없이
왜 저리 서걱이고 있답니까

외딴집 여자 1

외딴집 여자는

안개 자욱한 아침이면
눈부신 태양을
두건으로 가리고
작은 텃밭에
차라리
가난의 씨앗을 심는다

기억 저-편
편린에 매달려
가슴앓이 했던 삶의 뒤안길
땅속 깊이 묻어 버리고
초가에 소박한 박꽃으로
피어나게 하련다

그렇게
그렇게
한 세상 살다가
가슴으로 아프게 스며드는 날에는
뜨락 빈 가지에
물 구슬로

주렁 주렁
매달아 놓으련다

그 놈의
정이 뭔지……

작은 영혼을 위하여

시리도록
하얀 영혼 하나
별빛 꿈
달빛 꿈으로
하늘 바라보며
세상 길 나섰습니다

풀꽃 하나
풀벌레소리 하나에
마음 적시는
이슬처럼 영롱한 영혼으로
이 세상 머물게 하소서

여름날의 뜨거운 햇살과
시샘의 바람도
먹구름 속의 천둥번개도
삶의 무게

살다가
뒤란 갈대 숲
서걱이는 바람 일거든
하얗게 속 비우며

일어서는 지혜도
배우게 하소서
이 세상
꽃 처럼
살게하소서

옥정골에서

이 밤
칠흑 고독을
외로워하지 말자

작은 별들이 사그라지는
신 새벽 되면 나는
눈부신
푸른 초원에서

수정 알이
주렁주렁 매어달린
푸성귀를 뜯고

옥정골
옥 같은
맑은 물에
발을 담글 것이니

가을 기도

세월을 앉고
서리 내린 뜨락에서
하늘 빛으로
서럽게 벙그리는 가슴 하나
스치는 바람도 빗기게 하소서

야윈 가을 햇살에
꽃물 들이며
애태우는 몸짓 하나
행여 젖을까
간밤의 이슬도 허락하지 마소서

먼 길 돌아와서
아물지 않은 상처 몇 개 감추고
꿈결 같은 선율로
속살거리는 눈부신 순결
작은 떨림으로도 향기롭게 하고

풀빛 짙어지면
그의 정원에
만추의 서정으로
강물처럼 흐르게 하소서

외딴집 여자 2

깊은 골
외딴집 뜨락에 어둠 내리면
어둠보다 더 짙은
그리움도 내리더라

깊은 호수에
파문 거세지면
온 밤 달빛 실컷 밟으며
쏟아져 내리는
별빛 꿈을 노래 하더라

뒷산 갈잎
밤 깊도록 서걱이는
시린 밤 되면
마루끝에 나와 앉아
귀 기울여 엿듣더라

산새들의
꿈길 훔치며
천상의 소리를
외딴집 여자는

그 놈의
정이 뭔지……

당신을 꿈꾸는 새

작은 산새 한 마리는
커다란 당신의 어깨 위에
조용히 내려앉아
꿈꾸고 싶어 합니다

물안개 피어오르는
이른 아침 되면
세상에서
가장 아름다운 목소리로
당신을 깨우고
온종일 당신의 눈속에
머물고 싶어 합니다

하루면 몇 번이고
가슴 조이며
참을 수 없는 그리움에
날갯짓을 해 보지만
당신 앞에만 서면 초라해지는 내 모습

키작은 산가시네
오늘도

당신 창가에 맴돌다
홀로 여위어 갑니다

그때는 몰랐습니다

그때는 몰랐습니다
밤하늘의 달이
저토록 시리고
무심하다는 것을

그때는 몰랐습니다
세상의 질퍽함과
담장의 높이를

그때는 몰랐습니다
시간이 이렇게
더디 가고 계절이
빨리 바뀐다는 것을

그때는 몰랐습니다
생필품들의 물가가
천정부지로
오른다는 사실을

그때는 몰랐습니다
겨울날의 더위를
여름날의 추위를

그때는 몰랐습니다
속울음 울고 있었던
그 사람의 가슴을

그때는 몰랐습니다
그 사람이
이렇게 멀리 가 버릴 줄을……

부 재

가이없이
배달 되어지는
가을의 편지

고요한 영상을
흔드는 파문으로
빛바랜 잎새
모두가 사연도 많다

거리에
고독이 뒹구는
가을에는
나는 부재이고 싶다

시간들을
내려 놓았던 그 골에
흡수 되어지고 싶다

무 상

눈 덮인
산장의 밤

속절없는 세월에
잠 못 이루는데

채워지지 않은 갈구는
가슴 한켠에서 요동을 치고

뒷산
삭정은

어둠마저도 숨을 죽인
고요를 가르네

갈대 1

산 가시네

훌쩍
흘러버린 세월에

스산한
바람 부는
늦가을 저녁

별무리 쏟아지는
언덕에 올라

하얀 머리
풀어 헤치고

솔베이지의
애련함을 노래하네

삶

씨앗 한 알
숨막히는 침묵을
고매하게 깨며 시작한다

어두운 땅속에서
단단한 껍질속에서
찬바람 부는 언덕에서

따사로운
봄 햇살을 길어올려
도란도란 정을 지펴

가지가지마다
노오란 여정 길
봄의 향연으로 풀어 놓고
찬란한 인생길 나서는 것이다

고 독

온 종일
안개비 내리더니
칠흑 같은 어둠이다

멀리
두어 채의 농가에서
흘러 나오는 희미한 불빛에
두려움과 외로움을 달래 본다

어제의
화려하고 곱던 달빛
많은 전설들을
들려주던 수많은 별자리들

오늘은
어느 것 하나
볼 수 없으니
내일을 예측할 수 없는
혼돈의 밤이여

만선의 꿈

저 멀리
수평선에 떠 있는
고독한 작은 배 하나
너 있는 곳
세상 끝인들 찾아 가련다

석양녘 바다는
더욱 붉게 타고
바위를 향해
쉴새없이 몸 던지는 파도는
어둠이 가까워질수록
더욱 높아지고 있다

세월의
빈 뜨락에서
다시 띄워 보고 싶은
만선의 꿈

억 새

가는 세월의
무상함 속에서
속절없이
쇠어만 가네

숱한
방황과 갈등
바람 부는 대로
질퍽거리며
묻어온 세월들

만고 풍상
모진 세파에
굽이 굽이
서러움도 많았지만

다시 산다 하여도
온실 속의
화초인생과는
바꾸지 않으리

세 놓았음

새
새집 짓고
있는 중

문밖
빨간 우편함에

때로는 향기 짙은 꽃잎을
때로는 푹씬한 풀잎을

이른 아침부터
바쁘게
물어 나르고 있음

그리고는
예쁜 신부를
맞이 한다는데……

새로운 푯말 하나

우편함
새에게
세 놓았음

제 2 부

꽃물로 문지른 가슴

꽃물로
문지른 가슴은
속살거리는
풀꽃 노래가 좋아

추억도
그리움도
푸른 별빛으로
부서져 내리게 한다

꽃물로 문지른 가슴

여울져 오는
애틋한 그리움 하나에
문밖
바람끝이 아리지만

꽃물로
문지른 가슴은
속살거리는
풀꽃 노래가 좋아

추억도
그리움도
푸른 별빛으로
부서져 내리게 한다

별이 내리는 밤

별이
내리던 언덕에
별처럼
고왔던 언어들

한때는
별만큼
지워야 했던
허무한 마음

수년 지난
오늘 미소는
그때
그대 있었음이야

사랑 1

내 안에 숨겨 둔
불씨 하나

용광로 같은 가슴
불꽃으로 피우고

태우다
태우다

재가 되어
사그라질 열병이여……

사랑 2

한시도
잊을 길 없는 가슴앓이

아니 보면
죽을 것 같은 지독한 중독

잊을수록
못 견디게 더욱 그리우니

긴 밤
하얗게 한을 태우네

사랑아

사랑아
차라리
너와 이별하고 싶구나

사랑을 한다는 것은
자기 버림인 듯
깊어질수록
초라해짐이 너무 싫구나

사랑아 -
너를 버릴까
나를 버릴까

사랑의 모순

사랑이란
이름으로
나를 가두고
너를 구속하려 함은
가난한 마음에서 생긴
집착의 열병
사랑의 모순

끌 림

아픔입니다
서러움입니다

사랑이란
이름으로

한없이
끌려가는

그리움의
몸짓입니다

발자국

하얀 숲 속에
고독으로 얼룩진
발자국 하나

잠재우지 못한
가슴앓이에
아린 가슴으로

새벽 달빛
밟았으리
끝없이 이어지는
시린 통증의 자국

원 망

내 어린 가슴으로
봄비처럼 스며들더니
바람처럼 흔들더니

꽃이 피고
꽃이 지고
무성하던 숲도
불타던 낙엽도
하얀 백설로 덮어 버렸는데

무심한 당신은
어디쯤에 있나요

암사슴

뿔 없는
사슴
한 마리

가슴을
잃은 듯
풀을 뜯지만

노을 빛
붉게 타는
석양녘 되면

하얀
갈대
숲에서

먼 -
데를
쳐다보며

한없이
울음
울더라

보랏빛 사랑

설레임이었다
살며시 가슴 열었다
그리고는
죽을 것 같은
외로움의 시작이었다

이는
작은 바람에도
파르르 떠는 꽃잎은
늘 나를 불안케 하고
날카로운 가시는
나를 아프게 하지만

내사
어찌하랴
다 주어버린
빈 가슴인 것을

그대여
짙은 향 담고
곱게만 피어라
바라만 봐도 좋은
내 보랏빛 사랑아……

느티나무 연가

기다림
하나 있기에
외롭지 않습니다

그리움
하나 있기에
고독하지 않습니다

당신은
추억으로 잉태하고
떠나 버렸으나

마음을 묶고
말없이 기다리는
긴 세월 속에서

그리움의 신열로
가슴엔 옹이가 나고
등은 굽었지만

죽은 듯
당신을 기다림은
내 숙명인 듯 합니다

호수의 연가

은빛
잔잔한 호숫가에
작은 별 하나
살며시 내려 앉았다

눈시리게
투명한 물결위에
몸을 풀고
신 새벽
물안개로 사라져 버리니

퍼렇게
멍든 가슴은
오늘도
물보라 치며
하얀 연가 부른다

겨울 바다 소고

일렁이는
파도 자락에서
지새우던 여름날의 몸살들
회억의 징검다리 되어
포말로 부서져 내리는
쓸쓸한 겨울 해변

꿈속처럼
진눈깨비
은빛 물비늘 위로
사뿐이 내려
신비스럽게 몸을 풀고

나는
바다의 전설에
귀 기울이며
수평선 멀리 외딴섬에
숭고한 천년 성을 쌓아 본다

처얼썩처얼썩
태초의 해조음
영롱한 소금꽃을

피우기 위해
끝없이 이어지겠지……

호수에 내린 비

호수에 불던 바람
멈추지 않았고
물에 빠져 버린
산 그림자도
아직 석양녘에
붉게 태우고 있는데

허공 중에 흩어지는
애절한 울림 하나는
주인을 잃어버린
메아리로 지고 말아
내 마음은
저 바위에 부서지는 파도

오 그대의
모래 위에 남긴
우리의 족적들은
썰물에 씻겨지고 마는가

물새 한 마리
발자국 끝없이 남기며
멀어져 가고

호숫가에
하염없이 빗줄기 내리네

선운사에서

동박새 그리움
겹겹이 여민 가슴인 듯
설움 덩어리인 듯

백설이 분분한
고적한 선운사 산사에서
처연하게 꽃망울 터트리는
동백꽃 가슴에 끌어안고

늦은 황혼 녘
타는 듯 붉은 동백주로
마주하는 시심들

어느 동백꽃이
그리 붉으랴!
그리 고우랴!
해는 짧기만 하여라

붉은 동백바람
가슴 가득 담고 돌아오는
눈 덮인 선운사
붉게 물들고 있었네

제 3 부

산중일기

저녁이면
달맞이꽃으로
마당 가득 등을 켜고
두견이의 사연을 들으며
자연과 더불어
초연히 산다

상춘에

먼 산은
해를 토하고
긴 겨울 마른가지
벌써 물올라 새순이 툭툭

산골 물은
계곡마다 돌 틈 사이
봄노래로
산 향 담고 흐르는데

멀리 있는 그대도
옛날엔
함께 즐겨 보고 듣던 생각으로
이 봄을 맞이하는지

산중일기

깊은 산골에 여장 풀고
이른 새벽
산새 소리에
눈 비비고 일어나
마실 온 다람쥐에게
산 너머
이웃 소식 들으며 산다

눈부신 햇살 아래
지천으로 돋아난
산나물 들나물로
풍성히 밥상 차리며
세상사 오욕에 찌든 때
밑거름으로 화단 만들어
봉선화, 채송화를 키운다

저녁이면
달맞이꽃으로
마당 가득 등을 켜고
두견이의 사연을 들으며
자연과 더불어
초연히 산다

사월의 유혹

꽃물결 출렁이는
사월의 아침
산새들 창가에 내려
새벽잠을 깨우고

달콤하게 속살거리며
오감을 만족시키는
풀꽃 내음
창이 작다

코끝을 스치는
진한 꽃향기에
벌 나비 춤을 추고
들풀꽃 어깨를 들썩이니
산골짝 작은 집은
아름다운 파라다이스

사월의
화려한 유혹에 빠져
잡은 호미 자루
놓고 말겠네

속절없어라

속절없어라
앞산 진달래
그리
붉게 태우더니

하룻밤 비에
모두
지고 말았네

봄밤 내내
울음 울던
두견새
붉은 울음도 흔적 없으니

이슬 머금은
제비꽃이여
그대
맘껏 벙그려라

봄 눈

알아요?
그냥 마음이 애려요

서럽고 외로움에
가슴 조이며
시린 걸음 걸음들

꽃보다 고운 당신이기에
차마 바라볼 수 없어
실눈 뜨고
마냥 맘 주었는데

당신은
오면서 갈 것을 준비했듯
추억만 내려놓고
흔적없이 가 버렸으니

남겨진 것은
허무와 기약 없는
기다림 뿐이네요

부 활

한 겨울을
죽은 듯 살았습니다

몇 날 며칠
몸살을 하며
온 산을 흔들더니

한 날
천둥 번개가 치고
밤을 새워 통곡을 하더니
밤 하늘의
작은 아기별들이 내려 앉듯

푸른 별꽃들이
눈부시게 피었네요

저 작은 풀꽃들을
피우기 위해
대지는 산고의 고통을
그렇게
겪고 있었나 봅니다

하얀 꿈

푸른 초원에
눈부신 햇살 내리고
풀꽃내음 피어오르면
아이들처럼 뒹굴고 싶어라

별빛 꿈들이
쏟아져 내리는 밤이면
달빛 모아 불밝히고
여우나는 이야기로
강물처럼 흐르게 하고 싶어라

한세상 그렇게
욕심없이
그대 안에 꿈꾸고 싶어라

산중 봄밤

꽃 물결
출렁이는
한 점 수채화
은은한
달빛 뿌려
덧칠하는 밤

부드러운
꽃 바람 불어
메마른 영혼 깨우니
산새들
멀리서 가까이서
봄을 노래하네

아 -
더없이
아름다운
산중의 봄밤

여름밤

힘 없는
바람에
별 수 없이
더위 흘리던 날
몸 쉬려
정자나무 아래
평상에 나를 눕힌다

삶이
애절하여
별이나 헤일까
눈 들어 하늘 보니
바람마저
더위 먹은 소리

달도 내려
나뭇가지 앉아
땀 식힐 적에
맹꽁이 소리 부채 삼아
옷섶 푼다
흐트러진 마음 모은다

한여름 밤의 꿈

밤 하늘
어둠을 가르며
작은 별 하나에
눈 주었다

비밀 내려놓고
별똥별처럼 사라져 간
눈 시리게 고웁던
여름밤의 꿈은

빈 뜨락에
밤 이슬로 내려 앉으니
고이 접어 가슴에 묻어야 하는가

가을 숲에서

시샘하는
바람도 멈추고
고단한 여정 길이
노을 빛으로
곱게 물드는 가을이다

가지 끝에서
아슬하게 찰랑대며
불꽃처럼 타던 잎도
가볍게 떨어져 눕는
추억의 숲으로 가자

비울 줄 아는
가을 향기로 휘감기는
낙엽진 숲은
봄을 기다리며
순백의 꿈을 꾼다

가을에는

황량한
빈 들녘에
바람이 인다
비가 내린다
가을을 바라보며
낙엽의 아픔을 느낀다

설움도
그리움도
산새소리도
비에 젖고 있다

현실 도피인가
생채기 난
빠져나간 세월들
침묵하며
속절없이 빈 숲을 걷는다

가을에는
가을에는
모두가 혼자이다

비워버린 숲도
버림받은 낙엽도
또 다른
계절을 꿈꾸며
그렇게 가을은
고독 속으로 잠기어 간다

가을 뜨락에서

추적 추적
쉴새없이 내리는 가을비는
머-언 추억도
함께 내려 놓는다

홀로 여민 아픔들
뜨락 단풍나무에 걸어 놓으니
무성한 추억나무
미소 머금은 스산한 햇살로
잦아져 내리고

노을빛 물든
고독한 가을 뜨락
계절의 뒤란에서
가냘픈 몸짓 하나
세월을 줍고 추억을 푼다

가 을

스산한 바람
뜨락을 맴돌고
단풍나무 아래서는
붉게 물든 가을이
떨어져 내리고 있다

가을 빛 담은
마른 영혼의 울림은
고요한 산골에
파문을 일으키고

가야 할 때를
아는 이는
고적한 담벼락 퇴적 틈에
씨앗을 묻는다

낙엽 지는 밤

소슬한
가을빛에
울림 한 점에도
명치끝 아픔으로
사위어 가는
낙엽 지는 밤이다

계절에 밀려나
길섶을 나뒹구는 낙엽처럼
내 안에 아픔 하나도
이끼 낀 돌 틈 사이에서
퇴색되어 가고 있다

이제는
지쳐 버린 여름날의 푸르름
지쳐 버린 가을날의 몸살로
가슴 한켠에
무거운 침묵으로 놓아두고
차라리
하얀 계절을 기다리련다

낙엽 1

가슴
절절한 그리움
하늘 끝인들

흔들리는
인연 앞에는
모두가 부질없어라

가지 끝에
매달려
몸부림치는 낙엽이여

낙엽 2

바람에
떨며
우는 낙엽아

서슬 푸른 세월
지나간
인연의 노래여

사랑보다
더 짙은
몸살이었기에

머무는 아픔보다
아쉬움을 남기는
사랑을 선택하련다

옥정골 겨울 이야기

함박눈
펑펑 쏟아지던 날
하얀 그리움 하나 심었다

순백의 꽃 이파리
바람결에 흩날리고
세상은 온통 눈부신 은세계
아름답지 않은 것 하나 없었으니

무게에 이기지 못하여
등굽은 노송도
애기 단풍도
살포시 아밀 내리었다

짧기만 했던
한나절 눈발이지만
옥정골 겨울 이야기는
가지 끝 꽃눈 머금은
기다림이 있다

옥정골 설경

눈꽃의 전령인가
백색의 극치인가
신비스런 냉기의
아름다움이여

세상을 표백하듯
하얀 눈꽃송이
나빈 양
사뿐 사뿐
내려 앉으니

순백의 은세계에
가슴 멀고 눈멀어
옥정골
설원에
풍 - 덩
빠져 버렸네

겨울 이야기 1

첫눈
내리는 날에는
집 앞 골목길 가로등 아래
소리 없이 소리 없이
아린 그리움이 쌓인다

바람결에도 소식 없는
누군가를 애태우며
밤 깊도록 늘어가는 발자국
희미해져 가는 기억
지쳐 가는 영혼

소복이 쌓여 가는 눈발 속에
자연과 하나되어
평온한 마음으로
꿈속에 맞이하는 아사녀

첫눈 내리는 날엔
밤을 지새우며
또 하나의 편지를 쓴다
수신자 없는 편지를
슬픈 연가를……

겨울 이야기 2

오늘처럼
함박눈 펑펑 내리는 날에는
그곳에 가고 싶다

꿈길처럼
고요한 새벽하늘에
맑게 울려 퍼지던
뒷동산 예배당 종소리
지금도 귓전에서 나를 깨운다

오늘처럼
함박눈 펑펑 쏟아지는 날에는
늘 가슴 한자리에 있는
내 어릴 적 벗이 그립다

지천을 날던 꿩도 산토끼도
아버지의 따뜻한 나뭇짐도

톡- 톡-
나뭇가지 타는 소리
선율을 타며
내 유년의 꿈 모락 모락

연기처럼 피어오르던
그곳에

미칠 듯 가고 싶다
오늘 같은 날에는……

제 4 부

매화 옷고름 푸는 아침

동지섣달
삭풍에도 꺾이지 않고
지켜온 절개

이른 봄밤
여미고 여민 옷고름
설움으로 풀듯 피었네

매화 옷고름 푸는 아침

아직은 빙점
바람 찬데
맨몸으로 꽃을 피웠네

서리 서리
한 맺힌 사랑의 혼 불인가
눈꽃처럼 순백으로 피우고

동지선달
삭풍에도 꺾이지 않고
지켜온 절개

이른 봄밤
여미고 여민 옷고름
설움으로 풀듯 피었네

뜨락의 매화를 보며

늦은 세월
정원에
매화나무 한 그루 심었다

삭풍도 비켜
서둘러 꽃가지 걸어 놓고
향내 가득 채웠는데

화무는 십일홍이라 했던가

유수 같은 세월에
사랑의 갈구도
곱던 꽃잎에도
설움이 스며들고

그대는 떠날 차비
꽃 진 자리는
이슬 머금은 상처로 남겨지니
햇살 불러 새살 돋게 하리

서리꽃

마른가지에
시린 겨울아침
눈부시게 피우는 서리꽃은

그리움입니다
사랑입니다
살을 에이는 아픔입니다

지난 가을
바람 따라 가 버린
낙엽이 남기고 간 상흔의 자리에서
기염을 토하듯
날을 세워 꽃피움은
지울 수 없는 잿빛 그리움입니다

서리꽃은
눈물로 지는
남겨진 자에 처절한 사랑입니다

나팔꽃 사랑

가슴 절절한 사랑으로
천 길 낭떠러지
오르고 또 올라
님의 창가에 매달려
꽃 피우네

섧도록 그리운 임
까치발로 뵈옵고
수줍어 벌겋게
달아오른 가슴

짙은 안개속에서도
애절한 사랑
여물어만 가고 있으니
나팔꽃 사랑인가

산꽃 1

바위 마음같이
깊은 산중에
피어 있는
이름 모를 산꽃

수줍은 새악시처럼
은은히
발길을 잡네

바람도 떨림 하나로
언뜻 스쳐 가고
꽃잎에 맺힌 이슬방울
저리 고와서
밤사이 폭우도
떨림으로으로 지났으리

함초롬히 갓 피어난
이름 모를 산꽃

산 국

늦가을
이슬 멍울진 산길에서
발길을 붙잡았네
산국 같은 작은 소녀가

젖어 있는 눈망울은
죽을 것 같은
그리움인 듯 단내 짙고

어젯밤 된 서리에도
시들지 않음은
잠들 수 없는 기다림인가

해바라기

어제도
오늘도
내일도

너만
바라
보다가

길어진
모가지로

까아만
숯덩이
되어 가는 나

민들레

낮게 피어나는
속 모를
가슴앓이 하나

행여
이는 바람결에도
날아가 버리지나 않을까

별빛 꿈
서린 뜨락에
노오랗게 벙그리다가

그대
곱게 영글어
가슴 열면

움켜진 소망 하나
훨
훨
날려 보내리라

저
하늘
끝까지

찔레꽃

짙은
안개속 같은
세상살이에
야윈 영혼

차라리
흙먼지로
분 바르고
처연하게
웃는 찔레꽃

동구 밖
풀섶에서
가시 돋혀 꽃피우다
앞산 뻐꾹기 날면

바람 끝자락에
하얀 꽃잎 흩날리며
꿈같은
여정 길 나서련다

배꽃 1

하얀 밤
지새우다
순백의 넋이 된
꽃인가요

시린 가슴
타다 남은
혼불인가요

하얀 배꽃
당신은……

배꽃 2

주렁주렁
수만의
하얀 등을
내어 걸고

짧은 봄밤
세월의 물살에
서둘러 온몸을
사르는 배꽃

숨이 막힐 듯한
열정의 무게
아마도 저러다가
몸져 눕고 말지요

배꽃 3

소쩍새 우는 밤
순백의 미소로
살포시 꽃피우더니

눈부신 여인
작은 입김에도
날아가 버리네

달빛
곱게 흐르던 밤
하얗게 밤 지새더니

눈 시리게
곱던 님
바람 따라 가시었나

끝내는
은하의 물결로
하얀 세상 만들고

님 떠난
빈가지에 서려 있는 봄날
애틋한 바람만 이네

산꽃 2

나만의
푸른 별 하나
가슴에 담고

심산유곡에서
바위처럼 앉아
몸 태우니

홀로 피어나는
산꽃보다
뜨거운 가슴 있을까

달맞이꽃 1

노오란 달빛 내리는
언덕 풀섶에
나만의 그리움으로 피어
까아만 밤
하얗게 지새우는
애절한 기다림

달맞이꽃 2

어둠 내린 언덕에서
숭고한 사랑을 꿈꾸며
지새운 사랑

유리알처럼
부서져 내리는
아침 햇살에

하얗게
여위어 가는
고독한 영혼

달맞이꽃 3

어둔 밤
그대
길목에서
꽃대 올려요

짙은 향내는
순정으로
펴 올린
가슴앓이 이구요

기다림의
하 세월
오늘도
노오랗게
온밤 태워요

봉선화

장독대에
몸 가리고
홍안으로
물든 봉선화

청초한
고운 자태
절정의 아름다움
훔치고 싶어

붉은 꽃잎 따서
백반 넣어
곱게 다져
손톱 끝에 올려놓고

피마자 잎
무명실로
칭칭 동여맨
하룻밤의 동침

황홀한 침묵으로
잠 설친 긴 밤

봉선화
연분홍빛 고운 정 풀어내네

접시꽃

절절한 그리움
마디마디 매듭으로 엮어 놓으며
그대 지나가는 길목 담장에서
발돋움으로
꽃대궁 높이 올려 꽃 피우네

붉게 물들인 여린 꽃잎은
차마 말 못하고 애태우는
떨리는 속내인 듯
바람만 불어도
터질 듯 엷은 꽃잎으로
뜨거운 태양 아래 붉게 피우네

들리는 듯 들리지 않는
발자국 소리에
멈춰버린 심장과
까맣게 타버린 가슴일랑
알알이 주머니 속에 넣어
매달아 두었다가
후년 햇살 좋은 봄날
그대 뜨락에서 열어 보려네

풀꽃 그리움

고이 접어
가슴에 담아둔
내 영혼의 청량제

보랏빛
풀꽃 같은
작은 얼굴들

해 긴 봄날
풀꽃 피는
언덕에서

살며시
꺼내어 보는
꿈속 같은
유년의 그리움

장 미

지난 여름
작열하게 몸 태우다
유월 땡볕에 몸져누운
붉은 가시네

한 돌 되기도 전에
립스틱 짙게 바르고
꽃문 열어 몸을 사르는
붉은 정염

제 5 부

옛 향기 속에서

너는 참으로
오래도 되었구나
작고 연약한 몸으로
어느 양반가
안방을 지키고 있었기에
천년의 굳은 약속처럼
변하지 않은 빛깔인가

울 엄니 1

꿈 하나
흙에 심어
열매 거둘 날까지
흙으로 몸 입는
울 엄니

오뉴월 불볕에도
남새밭 일구다
갈퀴된 손마디

낱알 한 알에
구슬땀 섞어
딸년 공부시키다
저렇듯 등 굽은 세월

눈 시릴 적에도
둥지 떠나는 새
창공을 훨훨 날을까
밤 이슥토록 기도하는
울 엄니

물레를 보며

가난을 풀어내고
한을 풀어내고
오직
눈 시린 자식들의
앞날만을 감고 있었습니다

명주실처럼
곱고 가느다란 허리
찬 바람자락으로 휘어감은

그 분의 겨울밤은
물레질로 어둠을 몰아내고
실오라기로 여명을 꿰어
끌어 당기고 있었습니다

희미한 호롱불 아래
밤새도록 베를 짜는
백제 여인의 곡선은
부엌 방문에 그려지는
한 폭의 동양화로 남았습니다

울 엄니 2

그 여인은
하늘에서 내려온
선녀였습니다

보름달 뜨면
머리에 동백기름 바르고
참빗으로
곱게 빗어 넘긴 낭자머리에
푸른 옥비녀 꼽고

하얀 모시적삼
하얀 외씨버선발로
사뿐사뿐
봉선화 핀 장독대에
지극 정성으로 정화수 올려놓고
하늘 향해
두 손 모으곤 했습니다

내 지금껏
그 여인처럼
아름답고 정갈한 여인을
만나지 못하였으니
분명 선녀였을 것입니다

꽃보다 엄니

엄니
올해도 벚꽃은
지천으로
눈부시게 피었습니다

엄니와 꽃 구경 가서 보았던
천변 야시장의
엿장수며 박물장수들이
올해도 즐비하게 늘어섰고
남사당 놀이패도 왔다고 합니다

꽃가지 휘어잡고
사진 찍기를 좋아했던
꽃 그늘 아래서는
엄니 닮은 여자가
아픈 기억 하나 털어내려는 듯
비틀거리고 있네요

어느 해
꽃 구경 가자고
이른 새벽 적당히 곡기 때우고
십 리 길 걸어
백 리 길 터덜거리는 버스 타고 오셨다는

꽃 좋아하는 엄니한테
바쁘다고 짜증냈던 기억이
벚꽃 필 무렵이면
늘 가슴을 후비며 아프게 합니다

오늘은
봄비가 내려서인지
꽃들이 곱지가 않네요
엄니와 같이 보았던 꽃들이
가장 화려했고
눈시리게 고왔던 것 같습니다

엄니
제가 철들고부터
벚꽃은 슬픔이 되었습니다
제가 엄니가 되고서야
엄니를 알았습니다

목화밭 추억

뒷산 갯골밭은
하얗게 서린 내린
늦가을이면
하얀 목화 솜덩어리가
눈송이처럼 피어 있었다

큰언니 시집가면
두툼한 혼수이불
만들어 준다고
해년마다 목화밭이었다

나는 목화솜보다
다래 같은
달콤한 목화열매 생각에
그저 신이 나서
따라 나서곤 했다

큰언니보다
몇 배 큰 골망태에
하얀 솜덩어리 머리에 이고
돌아오는 산길에는
달 그림자 길었고

풀섶에 내린
찬 이슬에 발등은 시렸지만
큰언니의 구성진
이미자 노랫가락은 최고였다

지금은
무성한 수풀로
묻혀 버린
추억 속의
갯골밭

옛 향기 속에서

넘어질까
깨어질까
행여 다칠세라
밤 사이에 무사한지
소중한
나의 가족들

너는 참으로
오래도 되었구나
작고 연약한 몸으로
어느 양반가
안방을 지키고 있었기에
천년의 굳은 약속처럼
변하지 않은 빛깔인가

너는 누구와의
추억을 담았기에
닳고 헤어지고
몸살의 흔적인가
꾀 묵은 세월 같으니
역사의 비밀을 알겠구나

엄니의 입김이 살아 있고
아버지의 온기가 살아 있어
어느 보석보다
귀중하고 편안한
크고 작은 나의 가족들

저자와의
협약으로
인지생략

오영숙 시집
꽃물로 문지른 가슴

초판 발행 2011년 11월 10일

지은이 | 오 영 숙
펴낸이 | 윤 해 규
주 간 | 김 효 열
편집장 | 김 경 희
펴낸곳 | **을지출판공사**

등록번호 | 제 2-741호
등록일자 | 1985년 2월 14일
주 소 | 서울시 마포구 양화로6길 27-5(서교동) 301호
우편번호 | 121-840
전 화 | 02) 334-4050 · 4090
팩시밀리 | 02) 334-4010
E-mail : ejp4050@hanmail.net

값 8,000원

* 잘못된 책은 바꿔 드립니다.

ISBN 978-89-7566-127-3 03810

* 이 책은 전라북도 문화예술진흥기금에서 제작비 일부를 지원받았습니다.